Anja Ritterhoff

Winterspaß mit Windowcolor

Mobiles, Dreh- und Fensterbilder

frechverlag

Die Zuckerstange ist aber lecker!

(Abbildung Seite 1)

MOTIVHÖHE: ca. 29 cm

Dieses Motiv wird auf eine dickere Folie gezeichnet (Anleitung Seite 4f.). Der weiße Bauch des Pinguins wird mit Glasperlen verziert, die in die noch nasse Farbe gestreut werden. Nach dem Trocknen nehmen Sie eine spitze Schere und schneiden den kleinen Kerl entlang den äußeren Konturen aus.

Weihnachtskugeln

(Abbildung Seite 3)

MOTIVHÖHE: ca. 8 cm

Diese Weihnachtskugeln werden mit schwarzer Konturenfarbe auf eine dickere Folie gemalt (Anleitung Seite 4f.). Nach dem Trocknen füllen Sie die Innenflächen mit den gewünschten Farben. Besonders reizvoll wirken Glitzerfarben. In die noch nasse Farbe können Sie als zusätzlichen Effekt Glaskügelchen streuen (linke Kugel). Nun lassen Sie alles gut trocknen. Dann schneiden Sie die Kugeln mit einer spitzen Schere an den Konturen entlang aus und hängen die Kugeln an einen Tannenzweig.

Fotos: frechverlag GmbH + Co. Druck KG, 70499 Stuttgart; Fotostudio Ullrich & Co., Renningen

Dieses Buch enthält: 2 Vorlagenbogen

Materialangaben und Arbeitshinweise in diesem Buch wurden von der Autorin und den Mitarbeitern des Verlags sorgfältig geprüft. Eine Garantie wird jedoch nicht übernommen. Autorin und Verlag können für eventuell auftretende Fehler oder Schäden nicht haftbar gemacht werden. Das Werk und die darin gezeigten Modelle sind urheberrechtlich geschützt. Die Vervielfältigung und Verbreitung ist, außer für private, nicht kommerzielle Zwecke, untersagt und wird zivil- und strafrechtlich verfolgt. Dies gilt insbesondere für eine Verbreitung des Werkes durch Film, Funk und Fernsehen, Fotokopien oder Videoaufzeichnungen sowie für eine gewerbliche Nutzung der gezeigten Modelle.

Auflage: 5. 4.
Jahr: 2003 2002 2001 2000 1999 | Letzte Zahlen maßgebend

© 1999

ISBN 3-7724-2515-1 · Best.-Nr. 2515

frechverlag GmbH + Co. Druck KG, 70499 Stuttgart
Druck: frechverlag GmbH + Co. Druck KG, 70499 Stuttgart

Und wieder einmal beginnt die schönste Zeit des Jahres: Es wird Weihnachten! Überall glitzert und funkelt es. Kleine Geheimnisse schwirren durch die Lüfte und wir bekommen wieder Lust, unsere Wohnung und unsere Fenster zu schmücken. In diesem Buch finden Sie lustige, aber auch traditionelle Motive, um mit Windowcolor-Glasmalfarben den Winter zu begrüßen und weihnachtliche Stimmung an Ihre Fenster zu zaubern. Wenn Sie festere Folie verwenden, können Sie die Motive nach dem Trocknen ausschneiden und an Tannenzweigen oder Mobilestäben aufhängen. Ob der freche Weihnachtsrabe oder die lustigen Schneemänner - jeder von ihnen bringt Freude in Ihr Haus.

Viel Spaß mit Windowcolor wünscht Ihnen

Anja Ritterhoff

Material und Werkzeug

Um die winterlichen und weihnachtlichen Motive zu gestalten benötigen Sie:
- *Windowcolor-Konturenfarben*
- *Windowcolor-Glasmalfarben*
- *Glaskügelchen*
- *Trägerfolie (z. B. Blumenfolie, Klarsichthüllen oder spezielle Malfolie aus dem Bastelfachhandel)*
- *Metalldüse für feine Konturen*
- *Nadel und Küchenkrepp zum Säubern der Flaschendüsen*
- *Zahnstocher*
- *Wattestäbchen*
- *Klebeband*
- *kleine, spitze Schere*

Für die frei hängenden Modelle brauchen Sie außerdem:
- *dickere, stabile Folie, z. B. Windradfolie*
- *Mobile-Holzstäbchen mit Holzkugeln (Seite 11 und 19)*
- *Holz-Dekobaum (Seite 32)*
- *Nähgarn*
- *Nadel*

So wird's gemacht

Vorbereitung

Sie können die Motive mit jeder auf dem Markt erhältlichen Windowcolor-Glasmalfarbe arbeiten. Beachten Sie auf jeden Fall die Angaben des jeweiligen Farbenherstellers!

Suchen Sie Ihr Motiv auf dem Vorlagenbogen, legen Sie die Trägerfolie (Blumenfolie oder Klarsichthülle) darauf und kleben Sie die Ränder leicht mit Klebestreifen an, damit die Vorlage nicht verrutschen kann. Manche Folien verbinden sich mit der Farbe, daher sollten Sie vorab einen Test machen oder spezielle Malfolie verwenden.

Für die frei hängenden Modelle und die Mobiles verwenden Sie eine festere Folie, die Sie ebenfalls im Bastelfachhandel erhalten.

Konturenauftrag

Jetzt beginnen Sie, die Konturen Ihres Motivs von innen nach außen mit der Konturenfarbe nachzuziehen. Die Flasche wird mit etwas Abstand auf die Folie gehalten, so dass die Farbe leicht herausfließen kann. Benötigen Sie besonders feine Kontu-

ren, können Sie eine Metalldüse auf die Flaschenspitze aufsetzen.
Bei einigen Motiven wird auch bunte Konturenfarbe verwendet. Die Konturen sollten ca. neun Stunden trocknen, richten Sie sich nach den Angaben des Herstellers.

Farbliche Gestaltung

Nach dem Trocknen der Konturenfarbe beginnen Sie mit dem Farbauftrag. Die Innenflächen des Motivs werden mit den entsprechenden Farben ausgefüllt. Die Farbe wird großzügig aufgetragen und mit der Flaschenspitze oder einem Zahnstocher verteilt. Alle Flächen müssen bis zum Konturenrand vollständig ausgefüllt werden. Wenn Sie die Farbe immer in einer Richtung verstreichen, wirkt der Farbauftrag gleichmäßiger. Interessante Effekte erzielen Sie, wenn Sie Glaskügelchen in die noch nasse Farbe streuen.

Trockenphase

Je nachdem, wie dick die Farbe aufgetragen wurde, liegt die Trocknungszeit zwischen 24 und 36 Stunden, dann können Sie das Motiv vorsichtig von der Folie ziehen und auf das Fenster oder eine andere geeignete, glatte Fläche kleben.

Achtung:

Die frei hängenden Motive werden nicht von der festen Folie abgezogen, sondern mit der Schere exakt an der Kontur ausgeschnitten. Dann wird das Motiv zwischen Daumen, Zeige- und Mittelfinger ausbalanciert und oben mit einer Nadel vorsichtig ein Faden zum Aufhängen durchgezogen.

Mobiles

Die einzelnen Motive werden dem Foto entsprechend an die Holzstäbchen angeknotet und diese untereinander gehängt. Bevor Sie das Mobile aufhängen, wird es von unten nach oben ausbalanciert.

TIPP Bei der Lagerung Ihrer Modelle sollten Sie immer eine Folie zwischen diese legen, da die Motive sonst verkleben.

MOTIVHÖHE:
ca. 26 cm

Ich bringe dir eine kleine Überraschung!

Der Rabe wird auf eine feste Folie gemalt. Das Geschenk mit grüner Glitzerfarbe ausfüllen. Nach dem Trocknen schneiden Sie den Raben mit einer spitzen Schere an den äußeren Konturen aus und hängen ihn auf.

Wie schön, es liegt Schnee!

Arbeiten Sie, nachdem die Konturen getrocknet sind, dieses Motiv in mehreren Schritten. Zuerst fertigen Sie den Fensterrahmen an. Nach dem Trocknen werden die Fensterscheiben und die Schneefläche mit Farbe gefüllt. Nach erneutem Trocknen gestalten Sie die Kerzen, die Katze und die Schleife. Für die Zunge der Katze wird rote Konturenfarbe verwendet.

MOTIVHÖHE: ca. 31 cm

Winteridylle

Die große Tanne mit zwei Grüntönen ausmalen, um die Tannenstruktur zu erzielen. Das gelbe Geschenk wird mit kleinen roten Glasperlen verziert.

Hallo, da bin ich!

Der grüne Sack wird mit grüner Glitzerfarbe gemalt. Die Gürtel- und die Schuhschnallen sowie die Stiefelstulpen werden mit Gold gestaltet. Um die Lachfältchen an den Augen zu ziehen, verwenden Sie einen Zahnstocher.

MOTIVHÖHE: ca. 31 cm

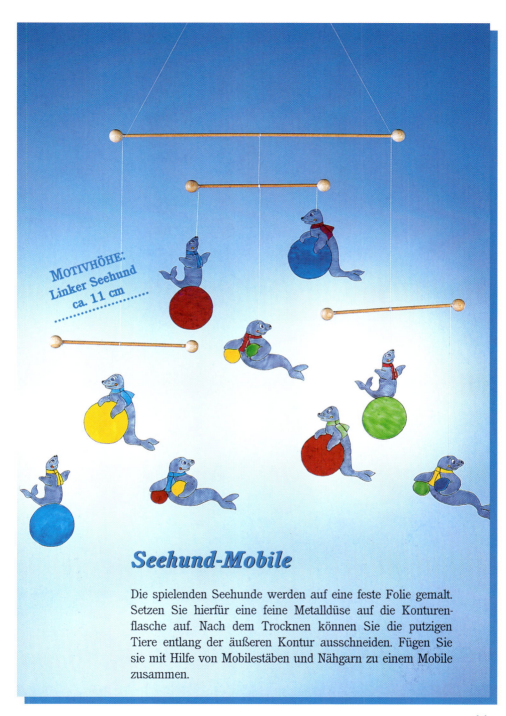

Seehund-Mobile

Die spielenden Seehunde werden auf eine feste Folie gemalt. Setzen Sie hierfür eine feine Metalldüse auf die Konturenflasche auf. Nach dem Trocknen können Sie die putzigen Tiere entlang der äußeren Kontur ausschneiden. Fügen Sie sie mit Hilfe von Mobilestäben und Nähgarn zu einem Mobile zusammen.

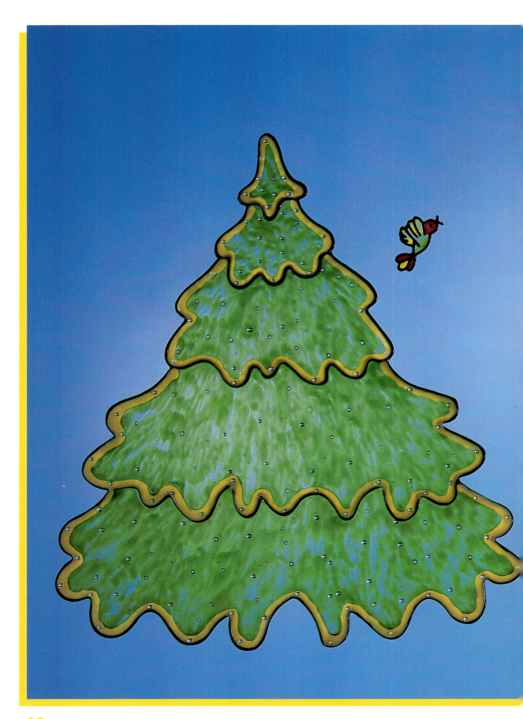

Spiel mit mir!

Der Schneemann erhält eine Mütze und einen Schal aus Glitzerfarbe.

MOTIVHÖHE:
Schneemann
ca. 21 cm

Die Innenflächen des Tannenbaumes zunächst mit Grün füllen, dann die Goldumrandung in die noch nasse Farbe malen. Glaskügelchen einsetzen.

Schaukelpferd-Mobile

Die Schaukelpferde werden alle auf eine feste Folie aufgemalt. Glaskügelchen einsetzen. Nach dem Trocknen können Sie die Pferde entlang der äußeren Kontur ausschneiden und mit Hilfe von Mobilestäben und Nähgarn zu einen Mobile zusammenfügen.

MOTIVHÖHE:
Schaukelpferd
ca. 16 cm

Weihnachtsbäckerei

Die Lachfältchen an den Augen mit einem Zahnstocher arbeiten. Die kleinen Motive auf der Schürze mit bunter Kontur und den Stoff mit grüner Glitzerfarbe gestalten. Die Mandeln auf den Lebkuchen mit weißer Kontur malen und die Plätzchen schön verzieren.

MOTIVHÖHE: Maus ca. 32 cm

Winterlandschaft

In den weißen Schnee bei der Futterkrippe werden Glaskügelchen gestreut. Die Stacheln des Igels in die noch nasse Farbe setzen. Die Fußspuren unterhalb des Baumstammes werden mit Kristallklar umrandet. Die Eule bekommt in ihr Gefieder Perlmutt mit eingearbeitet. Die Anleitung für den Tannenbaum finden Sie auf Seite 12f.

MOTIVHÖHE:
Futterkrippe
ca. 26 cm

Es ist kalt!

Die Flügel der drei Vögel werden teilweise mit Glitzerfarbe gemalt, die kleinen Punkte setzen Sie in die noch nasse Farbe.

MOTIVHÖHE:
ca. 21 cm

Lustige Schlittenfahrt

MOTIVHÖHE: Elefant ca. 12 cm

Das Schlittenfahren macht den Dickhäutern sichtlich Spaß. Malen Sie die Elefanten auf feste Folie (setzen Sie dabei eine dünne Metalldüse auf die Konturenflasche), schneiden Sie sie nach dem Trocknen entlang den äußeren Konturen aus und hängen Sie sie an den Mobilestäbchen untereinander.

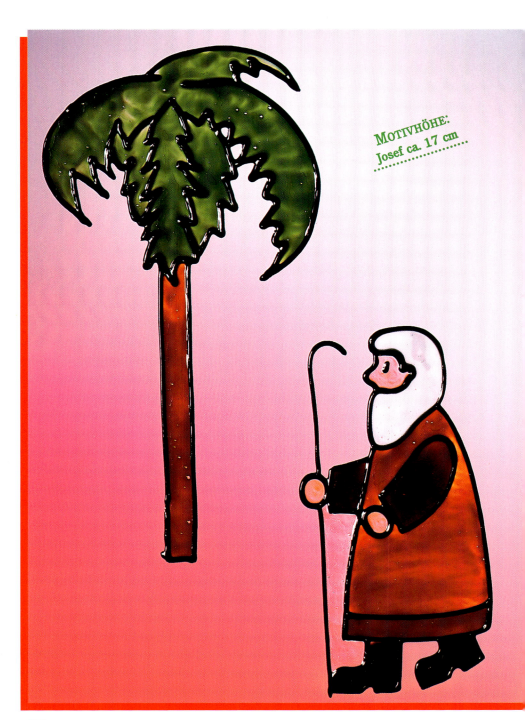

Reise nach Ägypten

Die hinteren Beine des Esels werden dunkler gestaltet als die vorderen. Die Fläche zwischen Josefs Arm, Schuh und Wanderstab wird mit Kristallklar verstärkt.

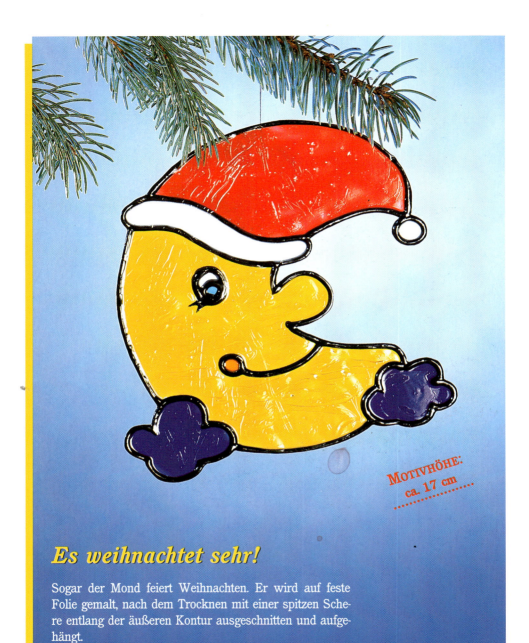

MOTIVHÖHE:
ca. 17 cm

Es weihnachtet sehr!

Sogar der Mond feiert Weihnachten. Er wird auf feste Folie gemalt, nach dem Trocknen mit einer spitzen Schere entlang der äußeren Kontur ausgeschnitten und aufgehängt.

Die erste Kerze brennt

Dieses Kerzengesteck wird auf eine dicke Folie gemalt. Glaskügelchen einstreuen. Nachdem die Farbe getrocknet ist, können Sie das Motiv mit einer spitzen Schere entlang den äußeren Konturen ausschneiden.

Motivhöhe: ca. 25 cm

MOTIVHÖHE:
Kugel
ca. 8 cm

Weihnachten wird eingeläutet

Die Weihnachtskugeln werden mit goldener Konturenfarbe vorbereitet. Füllen Sie (siehe auch Seite 3) alle Farbflächen aus, verwenden Sie auch Glitzerfarbe und setzen Sie die Punkte in die noch nasse Farbe. Probieren Sie ruhig auch andere Konturenfarben und Farbkombinationen aus.

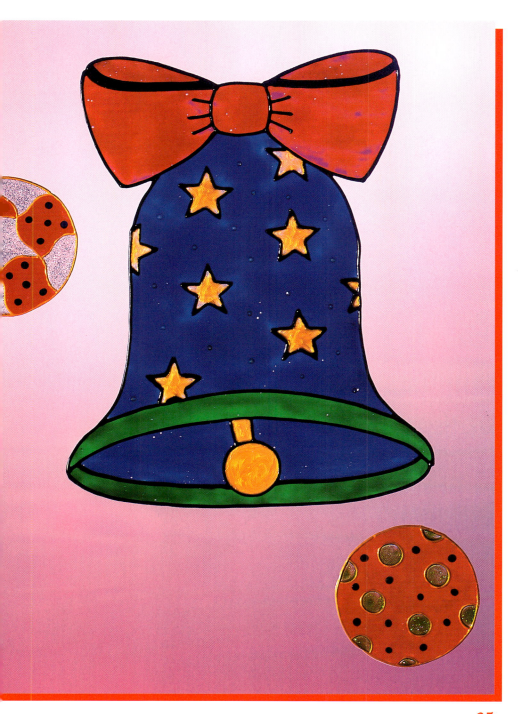

Ich habe euch was mitgebracht!

Der Sack wird mit grüner Glitzerfarbe gestaltet. Die Augen malen Sie mit weißer und blauer Farbe aus. Die Lachfältchen am Auge der Maus und die Teddyschnauze ziehen Sie am besten mit einem Zahnstocher. Die Teddyohren erst aussparen und dann weiß ausmalen.

Paul, der Lebkuchenmann

Den Lebkuchenmann in Braun, die Schattenseiten in Dunkelbraun malen. Den grünen Zuckerguss mit Glitzerfarbe auftragen. Rote und grüne Perlen abwechselnd in die noch nasse Farbe setzen.

MOTIVHÖHE:
ca. 27 cm

Schlittschuhläufer

Die Bärengesichter werden alle braun gestaltet, wobei die Ohren erst ausgespart und dann weiß ausgemalt werden. Die Schnauze des mittleren Bären wird mit Hilfe eines Zahnstochers gezogen.

Schneemann-Mobile

Zeichnen Sie die vier Schneemänner auf eine feste Folie. Nach dem Trocknen schneiden Sie alle vier entlang den äußeren Konturen sauber aus. Danach werden die kleineren Gesellen mit Nähgarn an dem großen Schneemann befestigt.

MOTIVHÖHE:
Großer Schneemann ca. 27 cm

Nikolausstiefel

Die Lachfältchen an den Augen des Nikolaus und des Teddys sowie die Teddyschnauze ziehen Sie am besten mit Hilfe eines Zahnstochers. Die Sterne, die Orange und die Nüsse werden um den Stiefel herum an der Scheibe platziert.

MOTIVHÖHE: ca. 37 cm

Pinguin-Mobile

Die fünf Pinguine, der Eisbär und der Eskimo werden auf eine dickere Folie gezeichnet. Nach dem Trocknen schneiden Sie die Motive mit einer spitzen Schere entlang den äußeren Konturen aus und hängen sie an den Dekobaum.

MOTIVHÖHE: Pinguin ca. 12 cm